© 2025 Shadow Pladys
Édition : BoD - Books on Demand, 31 avenue
Saint-Rémy, 57600 Forbach, bod@bod.fr
Impression : Libri Plureos GmbH,
Friedensallee 273, 22763 Hamburg (Allemagne)
ISBN : 978-2-3225-2627-7
Dépôt légal : Janvier 2025

Cendres de plumes

Shadow Pladys

Introduction

Introduction :

Cendres de plumes est un recueil retraçant mon passé et évoquant pour moi la renaissance.

Il s'agit de poèmes et de citations classés par ordre chronologique.

Tout d'abord, j'ai commencé à écrire au collège pour fuir le harcèlement scolaire et pour me libérer d'un mal-être profond. Je vous invite à suivre mon aventure et bonne lecture.

Ps : Les âmes sensibles s'abstiennent à ne pas lire certains sujets abordés car ils peuvent heurter votre sensibilité …

Poèmes

Je le dis

Ô combien de fois je t'ai attendu dans mon désespoir
Ô combien de fois j'ai pleuré dans le noir
Jadis je te suivis
Et si je te suis encore, tu me dévores

Je ne vais pas dire cela à haute voix, mais le dire tout bas
Tu m'as fait mal à en perdre mon âme

Ô combien de fois j'ai pensé à ma dernière heure
Ô combien de fois tu as lancé de sales rumeurs
Ça fait bien longtemps que j'ai vu Satan
Ça fait trop longtemps que je te vois me fendre

Je ne vais pas le dire mais le crier
Car de toi je suis libéré
Plus jamais je me retiendrais
Alors aux menteurs je leur dis à jamais

Mystère

D'une voix ensorcelante
Je l'entends, je l'attends
D'une voie de mystère
Elle chante la tristesse

Je l'entends tous les soirs
Quand la lune n'est pas
D'une colère
Elle dévoile ses mystères

Je l'entends depuis mon espace
Résonner à chaque soir
Un air de musique qui erre dans nos têtes
Cela reste un mystère

D'une voix menaçante nous attend
D'une voie funèbre elle danse dans nos oreilles
Elle raconte que la lumière la noircie
Son âme l'a trahi

Sa douce mélodie me berce
Elle tisse ma vie et cela reste un mystère

Nuit hantée

Je ne peux me réveiller
Je ne peux m'endormir
Je suis comme paralysé
De la tête au pied

C'est ma nuit hantée
On ne peut lutter
Face à une tel machination
Je ne peux contrer face à mon imagination

C'est ma nuit hantée
Les fées noires sortent des placards
Pour me plonger avec effroi
Dans un sombre cauchemar

Tel un démon dans son ombre
Tel un fantôme cherchant sa tombe
Si je revis de l'obscurité
C'est pour mieux rêver de toi

C'est ma nuit hantée
J'anéantirai tout ce qui me nuis
C'est hanté
Quand la vérité est fêlée

Je décris

Je vois les morts et les vivants
Je fais en sorte d'être insouciant
Pour pouvoir mieux observer
Les fantômes dont j'ai cauchemardé

Je décris l'insensible
Je décris l'invisible
Je décris l'infamie
Dans ce monde tyrannique

C'est le soir et tout est noir
Et pourtant quelques âmes sont là
Ceux qui sont décédés m'ont aidé
Alors que les vivants me disent de m'exécuter

On me dit d'être mort
Pour permettre aux autres d'être vivant

La rechute

Ma vie est un gag
Aussi drôle qu'une blague
Je chute

J'en ai marre de survivre
C'est la rechute
Jamais drogué, ni alcoolisé
Seulement déprimé de savoir la vérité

L'idée et la cause de mon existence sont néantes
Naître poussière pour crever dans cet enfer
Ma vie a-t-elle une importance ?
Vivre ainsi sans aucune chance

Ma vie est une farce bien trop cramée
N'ayant plus d'idée j'en lance des mauvaises
Pourquoi moi et pas toi ?
Pourquoi eux et pas nous ?

J'ai pensé au suicide
Mais je ne lancerai pas si vite ma déchéance
Où sont les clés de mon existence
Je n'ai pas le moral pour l'oral

Pensé la nuit et rêvé ainsi
Dans le calme et l'obscurité
Je pense à aimer et à détester
J'ai une histoire qui a mal commencé

Copieur

Voici le meilleur des copieurs
Pour imiter et répéter sans aucune personnalité
Embêtant parce qu'il vole les idées
Il pourrait y passer des heures

Copieur et voleur d'âme
Parce qu'il a le vague à l'âme
Copier coller est une option
S'il continu, il en souffrira

Voici un mal aimé sans ses idées
Impulsif et intrusif
Il rentre dans tes pensées
Et garde un double des clefs

Copier et voler mes idées
Il en connaît tout mes secrets
Utiliser mes informations
Pour pratiquer la diffamation

C'est un copieur, un clameur
Mon heure est sienne
Mes peines sur ses veines
Il copie les moindres appel à l'aide

Avec mon encre

Je me fais un sang d'encre
Et avec j'écris mes apostrophes
Quand j'ai peur
Je fouille dans mes poches

Avec mon encre, avec du sang
On passe le temps
Avec mes sacrifices
J'en coule des larmes

Quand on ne sais plus l'heure
Quand je joue avec les pleurs
Quand je stresse et que je suis en détresse
D'un coup de stylo mes pensées régresses

Avec ma plume
Je m'envole
Mes pensées sont âcres
Et j'en sors de l'encre de mes bras

Sacrifice et maléfice
Écris peut être pour toi
Si tu es dépressif

cache-cache

Je suis un fantôme
Je suis une ombre
Inexistant à vos yeux
Perché au sommet des clochers

Observé l'humanité
De hauteur j'admire vos peurs
A contempler votre poison
Cela me donne raison

Je joue à cache-cache avec le diable
Je préfère jouer avec lui que toi
Je n'ai plus aucune pitié
Sache que tu es détesté

Avec tes dents de lapin
Tu ma pris pour un crétin
Mais je fuis nos destins
Cette vengeance est un festin

Caché dans la population
Tu as joué avec les mensonges
Et tu songes à me retrouver
Mais de toi je disparais à tout jamais

Aux jeux

Jouer à l'épervier
Jouer à la marelle
Jouer à âme stram gram
Jouer à poule renard vipère

Jouer avec mon coeur
Aussi vite qu'un épervier tu l'as brisé
Sacré vipère ta morsure ne me sera mortelle
Jouer et à am stram gram
La tienne est plus lourde qu'un gramme

Jouer au trois petits chats
Jouer aux billes
Jouer à saute mouton
Jouer à se détester

Les griffes m'ont fait si mal
Et je roule de ce pas
M'endormir à compter la laine
Se détester n'étais pas un jeu
Mais un reflet de ta haine

Féerique

Je m'endors au milieu des champs de fleurs
Je suis dans un pays où il n'y a plus d'heures
Un paradis perdu avec de drôles de créatures
Ce méli-mélo de couleurs réchauffe mon cœur

Elle apparaît ma fée
Pour créer, danser
Être libre et m'envole j'en suis ailé
Dans un monde aimé

Ses yeux marrons natures
Ses cheveux blonds ondulent
Ses paupières au teint pierre
Ma fée remplie d'une beauté

Je suis dans un monde féerique
Alors que le nôtre est tragique
Et moi qui suis horrifique
Je la suis la nuit

Une fois réveillé elle disparaît
J'ai une autre vision du monde
Chaque jour j'attends la nuit
Mais de ne plus la revoir et immonde

Une autre vie

Dans une autre vie, sur une autre planète
Là où les chats et chiens ne sont à l'abandon
Les nuages et étoiles aux couleurs sucrées-salées
Le ciel délicieux de la rosée

Une autre vie sans pollution
Une autre vie sans injustice
Une autre vie avec de jolis sons
Une autre vie que je tisse de songes

Là où les fleurs ne fanent
Là où les arbres ne brûlent
Sur un nuage de sable
On voit les oiseaux, qui s'envolent

Une autre vie où la terre est en coton
Une autre vie sans ciment ou goudron
Une autre vie avec de vrais sentiments
Une autre vie où l'on se donne bonne conscience

Cet endroit sans douleur
Là où l'on ne meurt
Une autre vie n'existe pas
C'est là que sont nos cœurs
Mourrons donc dans les pleurs

Sale gueule

J'ai une sale gueule
Personne ne l'aime et je suis seul
J'ai une sale gueule et je m'en contrefiche
Quitte à vivre linceul
Que de vivre avec ceux qui juge aux physique

j'ai une sale gueule mais une voix
Une voix qui conseille de fermer ta ...
Les langues de vipère
J'en fais mon affaire

Si j'aime c'est pour la beauté de la gentillesse
Si j'aime c'est pour l'intelligence et la sagesse

J'accepte comme on est
Moi je suis laid
La beauté ne m'est plus compté
Quitte à vivre ainsi
Je dis oui et puis tant pis

Mélodie

Écoute mes paroles
Écoute cette métropole
Entends-tu ma voix
Attends-tu de trouver ta voix
Moi je vois que tu es triste
En attendant mets la piste

Je crée une mélodie pour les mélancoliques
Je crée le bonheur avec mes peurs
J'entends les notes inaudibles
Je suis pas insensible

Écoutes ces paroles
Aimes-tu mon chant monotone
entends-tu les morceaux d'âmes qui chantent
Moi et mon errance
Une mélodie bien trop mortelle
Pour tisser mes arantêles

Ma mélodie est loin d'être un paradis
Ma mélodie est une onde frappant les esprits
Réchauffant les coeurs meurtris
Si tu n'entends mon chant d'automne
Alors branches ton sonotone

Petite robe noir

Avec ce tissu fichtre
Avec cette danse élégante
Tu te balances comme le calice
Toi tu es pure mais ta robe est remplie de malice

Petite robe noire qui te fait voler
La danse d'un soir m'a fait chavirer
Petite robe qui me dévore des yeux
Piégé de ce tissu tu fais un vœux

Avec ce tissu noir céleste
Sur cette balançoire et ses grincements d'effrois
Cette robe te fait briller malgré ton aura de détresse
Avec ces cendres de plumes
Toût renaît du noir

Petite robe noire qui ta volée ton âme
Désormais tu es transformée en fée du froid
Exauces les vœux des apeurés et des mal-aimés
C'est notre espoir, c'est ton histoire

Avec cette robe tu tournoies et répands la joie
Dans mon coeur je te revois
C'est mon dernier soir je crois
Rejoins-moi dans l'haut-de-là

Petite robe noire qui ressuscite les verbes
Petite robe noire qui nourrit les vers
Petite robe noire qui attend qu'on en crève
Petite robe noire, un dernier rêve

Le savant qui n'est pas méchant

Il est tout seul au fond de la cour
Il rêve et écrit des poèmes
Il veut de lui mais personne veut de lui
Il regarde dans le vide pensant au suicide

Le savant qui n'est pas méchant est très attachant
Sur lui il pratique ses expériences
Il laisse brûler l'acide qu'il a au fond de lui
Dans la délation il pratique l'auto dissection

Il pleure imprudemment
Quand les autres l'attendent
C'est pour se jouer de lui
Il s'amuse de faire de ce savant un servant
Il prépare sa vengeance

Sur ses joues pâles coulent des larmes
Ne touchez pas à son âme ça serait fatal
Il se tuera avec cette lame
Il a le vague à l'âme

Si vous continuez de le faire souffrir il vous réduira à néant
Le savant qui n'est pas méchant pourrait le devenir

Armure

Sous mon armure de fer
Je cache mon coeur de pierre
J'ai un mentale d'acier prêt à tout casser
Mon armure est faite de mes pires pensées

J'ai un coeur qui bat mais il est sous entrave
J'ai une belle pensée mais elle est emprisonnée
Mes illusions prennent vie et mon armure aussi
Prisonnier de mes mensonges mon armure me ronge

Sous mon armure je me cache
Je vous détruirai avec une hache
Tel une ombre je prospère
Cette tombe se tisse en enfer

Mes yeux pleurent quand je repense à toi
Ta trahison a été profonde
Elle est gravée dans ma mémoire
J'en pleure parfois

Cette armure me protège du monde
Mais elle me plonge dans la pénombre
Cette blessure est aussi infecte que ton âme
Elle est trop profonde et bien trop sale

Le vent

Je viens d'un film d'horreur
J'attends ta dernière heure
Je suis comme un fil de fer
Je transperce ta chair

Me balançant dans le vent
Au grès de mes tourments
Me promenant dans les tornades
C'est comme si j'étais une grenade

D'un quart d'âme il te restera
Lorsque tu périras
Ta peur, ton coeur, ton heure sont des diamants
Je les casse et tu n'es que fragments

De mes fleurs de vent
Tu meurs comme l'encens
Dépourvu de vue, dans mon brouillard inconnu
Ainsi donc tu seras déchu

Goutte de sang
Poudre de cendre
Assoiffé de vengeance
Ton âme devient errante

Intempérie, ma seule amie
Au vent des enfers je m'y prospère
Orage de désespoir
Tempête de desert noir

L'hiver

Blanc et livide
Comme mon esprit
Froid et blafard
Comme nos cœurs noirs

L'hiver de son esprit sans herbes
L'hiver de sa robe de neige
L'hiver de ces cendres blanches
L'hiver cette dame blanche

Son silence est blanc
Son âme est noir
Cet amant, on ne la voit pas
Son errance est là
Être un traître
Être ou paraître

Blanche et limpide, la neige qui scintille
La gelée aimée par des enfants fascinés

L'hiver de son âme de traîtresse
L'hiver cette fabuleuse déesse
L'hiver cette dame blanche amante de silence
L'hiver acère mon être

Le rouge

Ensanglantés comme deux amants
Ils vécurent comme le souffle du vent
Le firmament du ciel me fait penser à elle
Je l'aime mais elle vole de ses propres ailes

Le rouge la couleur de mon sang
Le rouge l'emblème de l'amour
Le rouge la couleur de ma rage
Le rouge mon amour pour la rage

Dis moi ce qui ne va pas
Dis moi pourquoi tu t'en vas
Que caches-tu dans ton grimoire
Mes soirs je les passe en pleurant face au miroir

Le rouge de mes joues disent que je t'aime
Le rouge de tes lèvres me rend poète
Le rouge qui coule le long de moi
Car je n'ai eu le temps de dire au revoir

C'est comme ça

Je suis comme une feuille
Abîmé, lentement je tombe
Je suis comme un nuage gris
Soudain j'apparais et j'entends les mépris

C'est comme ça que je suis
C'est comme ça qu'ils sont
C'est comme ça que je vis
Ainsi je vois le monde

Je suis silencieux
Je regarde les cieux
C'est la goutte de trop
Les larmes coulent à flots

Trop de gravures sur ce corps
Trop de fissures sur ce coeur

C'est comme ça quand on est fêlé
C'est comme ça quand on est scellé
C'est comme ça quand on a mal
J'en suis devenu pâle

La folie

Elle est là mais ce n'est plus censé être de moi
De ce monde ou règne l'hécatombe
Elle repose dans une tombe
Et dire que je la revois, dans ce monde dérisoire

La folie, la nuit
Mes veines, mes peines
Chacun sa vie, chacun sa haine
La mienne je la traîne

Être pendu ou brûlé
Déchu et volé
Peut importe les tortures et les blessures
Je suis à l'usure, c'est ça de se sentir mal aimé

Je revois ces yeux
Je fait un vœu
Dans mon coeur il pleut
Mes heures aussi douloureuses que des coups de pieux

Tétanique

A bord des flots, au repos
Sur ce majestueux bateaux
Paralysé de la tête au pied
Tu reste entravé

L'impression d'être sur le titanic
C'est juste la toxine tétanique
Passé un appel téléphonique
Malgré tout ce qui te pique

Dans ce pays , il y a peu de vie
Seulement des survivants là et errants
La maladie persiste
Vous êtes en sous développement

Ce pays sans vaccin
Sans avoir un médecin
Vous n'avez pas l'argent
C'est un tempérament

Tu es sur le titanic
Ta vie tangue et puis te quitte
Dans cette épave tu resteras
Apparemment c'est une loi

Et dans ton coeur quelque fuites
C'est pas ta fautes c'est le tétanos
Il n'en restera que de vieux os
Faire preuve de charité, pour un pays dévasté

La nuit je vis

Le jour je dors et la nuit je vis
Mais c'est ainsi que vogue ma nuit
Quand je marche sur les trottoirs je pense à toi
La lune m'éclaire de ses rayons blafards

Je suis maudit le jour me fatigue
Le soleil m'éblouit mais c'est ainsi
Travailler à longueur de journée
Participer et t'admirer

Le jours je dors et la nuit je vie
C'est ainsi que va vogue ma vie
Quand je marche sous le ciel noir
Je retrouve enfin ma joie

Ma bonbonnière

Dans un bocal fait de verre
Dans un journal, les faits divers
Dans un placard ou sur une table
Il y a ma bonbonnière

Avec du sucre j'embellis ma vie
Avec cette poudre acide je consume mes nuits
Qu'il soit blanc ou noir le chocolat deglutiné
Mes pensées noires coulent comme du lait

Dans un salon abandonné
Sur le tapis les miettes laissées
Le mélange sucré-salé masque mes sombres pensées
Assis sur cette chaise coulent mes peines

Une limonade avec du gaz
J'aimerais y être asphyxié
La bonbonnière il faut s'en défaire
Pour ça il faut un mental de fer

Éclat de lune

Je pleure pour les gens qui se mutilent
Car la vengeance est inutile
La noirceur de la lune dans le ciel obscurcit
Me rappelle que j'étais ainsi

Éclat de lune pour être dans leur indifférence
Éclat de lune pour être dans l'ignorance
Éclat de lune pour être brisé
Éclat de lune mes rêves envolés

Abandonner les autres pour les briser
Une honte de le faire de son plein gré
J'ai perdu mon temps en voulant me venger
Un temps si précieux endetté

Éclat de lune te dit d'arrêter
Éclat de lune pour tout recommencer
Éclat de lune pour reconstruire
Éclat de lune maudit ceux qui t'on détruit

Même si tu pleures dans l'obscurité
Les gens trouveront ça hilarant
Même si tes parents ne peuvent pas t'aider
Je te comprends c'est dur de n'être qu'un enfant
Tu ne serais pas le dernier

La nuit

Elle porte conseil
Elle est mon emblème
Symbole de la mort
Je suis la fourberie

La nuit porte ma laideur
La nuit s'imprègne dans mes veines
La nuit est dans mon cœur
La nuit attendrit ma peine

Parfois ensorcelante
Je la trouve hilarante
Cette folie qu'on nomme un rêve
J'en suis dépourvu on est pas les mêmes

La nuit les crimes sont permis
La nuit pour se cacher de ses mensonges
S'engouffrer des ses rêves sombres
La nuit je me rappelle de ses gens cruels

Parfois délirante
La nuit et ses étoiles filantes
Parfois la nuit est ses prédictions
Pour échapper à la vérité de ce monde

Être ou paraître

Je suis un menteur
Je suis honnête
Je suis ceux que vous entendez
Je suis ceux que vous croyez

Être ou paraître
Qui suis-je vraiment
Être ou paraître
Que voyez-vous vraiment

Je suis l'imaginaire
Je suis l'oublié
Je me donne des airs
Pourquoi m'accabler

Être ou paraître
Suis-je mal-honnête
Pourquoi dire la vérité
Quand les mensonges nourrissent des pensés

Je suis ceux que vous voilez
Je ne mentirai qu'à moi-même
Je suis qui je veux être
Je choisi d'être honnête

Je veux

Un peu de discipline
Un zeste de calice
La recette du bonheur
Jamais je la trouverai, j'en ai bien peur

Je veux ce que je n'aurais jamais
Je veux ce que les autres possèdent
Je veux une vie qui m'est propre
Je veux mais ne vois pas ce que j'ai déjà

Un peu de créativité
Assoiffé de pouvoir
Un peu de réalité
Je n'aurai jamais cette gloire

Je veux ce que l'homme rêve d'avoir
Je veux ce que les autres ne possèdent pas
Je veux une vie qui n'est pas à moi
Je veux, mais ne vois pas ce qu'on a déjà

La jalousie règne sur ce pauvre monde
Si elle n'existait si on l'éliminer
À quoi ressemblerait mon cœur immonde
La vie serait moi moins blême
Serons-nous tous les mêmes

Je veux l'inaccessible
Je veux l'impossible
Je veux le bonheur
Je veux éradiquer mes erreurs

L'ombre

J'en suis devenu sombre, à aimer la pénombre
Je me fous de ses miroirs, s'ils se brisent en mille éclats
Malédiction lancé de songe, l'ombre qui froisse ce monde
C'est ça quand on a peur de soi

On n'est que poussière, on périra dans l'air
Ma vie n'est qu'un espoir qu'importe le temps, l'endroit
J'apprécie chaques secondes même si elles sont immondes
Ainsi l'ombre de nos vies est la lumière de nos mépris

Serais-je à la hauteur de ce bas monde
Qu'importe les richesses de l'humanité
Si c'est pour finir scellé dans une tombe
Alors pourquoi jouer les cruautés

Je ne sais où me mettre
Un proche disparu, un être perdu
Avec des amis comme traîtres
Je ne suis qu'une ombre pendu

Mélusine

Elle naît de cendres
Avec une âme sans alliance
Entouré de scolopendres
Elle vit sans dépense

Jolie est sa vie
Folle est sa nuit
Brûlées sont ses ailes
Mortes sont ses peines

Envolées sont ses pensées
Courageuse de se dévoiler
Sans rire et pleurer
C'est bien une fée

Elle est comme une fleur sans corolle
Trop fragile, elle décolle
En attendant son heure elle bricole
Trop fébrile, elle s'envole

Mélusine sans amis
Dans son fauteuil elle reste seule
C'est ainsi qu'elle vie
Dans ce monde trop gris

Sadique

Sadiques sont mes rires
De vos pleurs je vis
Tristesse et détresse alimentent mon esprit
Mélancolique est ma vie cela est logique

Sadiques sont nos vies faites de misérables mépris
J'en suis un vampire me nourrissant de vos ennuis
Je taillade vos vies au scalpel
J'en ris car je suis cruel

Sadique sont mes rires de mes pleurs j'écris
Une vengeance est une délivrance qui m'est permise:

Manipulation

Dérobé de ce monde
Comme une chimère accrochée à mon ombre
Le ridicule ne tue pas
Elle le manipule et transforme ta vie en désarroi

Elle se nourrit de ta vie, et il te reste la mort
Mon coeur peu torride, tel est mon sort
Accroître son mépris pour te mettre en tort
Mon heure étouffe sous des tôles

Se faisant passer pour lumière alors qu'elle est obscure
Se cachant dans un cocon près des conifères
Elle veut briser mon coeur, j'ai un mental de fer
Je prie pour qu'elle prenne ma place en enfer

Voler par le monde et perdu dans la foule
Se glissant comme une ombre elle plante en moi la rouille
Elle manipule et transforme en ordure

Je ne sais plus rien
Elle m'a empoisonné au mensonge
J'ai succombé à sa toxicité
De jour en jour son poison me ronge

Mes corbeaux

C'est dans l'air que je m'inspire
C'est dans l'herbe que je m'inspire
Sur une branche ma déchéance
De ces ailes une délivrance

Voici ma mort, voici mon sort
Mon corbeau n'est que plus beaucoup
C'est d'accord j'ai eu tort
Mes corbeaux ils m'emportent

Au clocher de l'horloge
Ils m'observent aux premières loges
Les aiguilles sont faites d'oreilles
Elle transperce les corps

Voici un corps dépéri
Voici un sort de mépris
Mes corbeaux m'élèvent en haut
Mais en tant que diable je traîne en bas

Au beffroi des portes noires
Te guideront avec espoir
Dans une autre dimension
Tu verras les cités noires

Les corbeaux sont sournois
Ils se nourriront de ta mort
Tant dis que d'autres
Se nourriront de ta vie

Le sourire

Derrière lui je me cache
En lui je m'enfouis
Les gens y croient pourtant
Malgré mon tempérament

Un sourire malgré les souvenirs
Un souvenir malgré les larmes
Un sourire peut cacher une arme
Un sourire me désarme

Les visages ne sont que des toiles
Reste à savoir si on les peint

Un sourire, une valeur
Un rire, un pleur
Mon visage me fait peur
Suis-je heureux, suis-je en pleurs

Un sourire est un cri intérieur
Qu'il soit de joie ou de pleurs
Il peut être réel ou menteur
Mon sourire est peut-être trompeur

J'ai mal

J'ai la tête qui tourne
Face à la détresse qui m'entoure
Mes neurones s'entrechoquent
J'en suis sous le choque

La nouvelle paraît belle
Mais elle fait si mal
La nouvelle est que j'ai mal et me blesse
À chacun de mes pas je tombe
Dans ma tête c'est l'hécatombe

J'ai un visage pâle et les yeux bleus
Je suis peut être malade
Il est temps pour moi de faire un vœu
J'ai mal au coeur et regarde les cieux

La vie est belle
La mienne me blesse
Chacun ses joies
Chacun ses peines

J'ai mal et j'en râle
banale est la vie
Tous les rôles que j'ai appris
M'ont coûté à chaques interprétations
Un fragment de mon temps

À l'ombre

Je regarde autour de moi et entends les oiseaux
Je pense à quoi ? Au monde qui n'est pas si beau
Au milieu de la clairière, il y a un ruisseau
Mes larmes ruissellent face au reflet qui n'est pas beau

À l'ombre d'un arbre, je pense à mon humeur macabre
Près des rochers je compte les déchets
À l'ombre d'un arbre je pense à tout ce qui vivait
Autrefois mon âme chavirée même le coeur déchiré

À l'ombre d'un arbre je pense à cette carrière
Sur cette route tu fus percuté
Cette incident m'a beaucoup dévasté
Mon imagination renaît

À l'ombre d'un arbre je défis le monde
À l'ombre d'un arbre je châtie la mort

Le reflet

Sur cette table j'écris
Sur ce banc je pense
Sur de ma colère je rougis
Si je te revois je palis

Le reflet de l'eau dans lequel j'observe les oiseaux
Le reflet de mon âme est âcre
Le reflet de la vie face à ce qui devait être mort
Le reflet de ma mémoire résonne et somnole

Sur l'herbe je manque d'air
Sur cette aire de musique je m'oublie
Sur ton visage livide je revois et repense au suicide
Sûr de moi, je ne reviendrai vers toi

Le reflet de l'eau dans tes yeux
Le reflet d'un ciel qui n'est plus bleu
Le reflet de la vie face à la mort
Le reflet de ce monde n'est qu'illusion
Le reflet de mon miroir

Le choix

Être obligé
Ne pas savoir pourquoi
Être mal aimé
Tu te demandes pourquoi
Mais la vie est comme ça

On ne peut rien faire
Seul face à tout
Se sentir inpuissant
Face à ces gens ignorants

Être détruit puis rapiécé
Se sentir coupable croire que l'on est incapable
Être dépité ne pas être en paix
D'une humeur accable je pète un cable

Le choix d'être impuissant face à tout
Le choix des gens nous suit partout
La vie n'est qu'un tout
Certaines personnes n'ont pas d'atouts
Dans la vie le choix on ne l'a pas toujours

Lettre d'adieu

Je ne sais pas quelle lettre utiliser
Parmis les vingt-six de l'alphabet
Une lettre pour dire que je pars
L'endroit tu ne le sauras

Une lettre pour dire adieu
Une lettre pour décrire un vœu
Une lettre pour avouer ma souffrance
Une lettre pour annoncer ma délivrance

Mon coeur brûlé à l'acide
Serait-ce un suicide
Mon âme coule en enfer
Coincé dans cette prison de verre

Une lettre pour dire la vérité qui fut longtemps caché
Une lettre de détresse ou bien de tristesse
La vie est comme une lettre
Nous sommes les lignes qui prendront fin

L'humain est un robot

L'humain est un robot
Ceci n'est pas un complot
Regardez notre cerveau
Voyez ce qu'on nous impose

Nos engrenages sont rouillés
Nos routines sont comme des roues dentées
Un cycle infini
Qui finira par dépérir

L'humain n'a plus de batterie
Il est trop long à charger
Nos vies sont comme des machines
Elles finiront par s'user

L'humain n'a plus de sentiment
Peu importe ce qu'il est, ce qu'il veut c'est l'argent
Nos vies sont court-circuités
Travailler comme une machine
Et vous finirez par ressembler à celle-ci

Valeur

Ne riez pas de mon malheur
Vous n'avez aucune valeur
Je me jouerais de vos cœurs
On en devient terreur

Une valeur dans nos yeux
Une lueur dans les cieux
Nos vies non aromatisées
À quoi bon vouloir les conserver

Dans ce jardin où l'on cueille les plus belles
La mort fait pareil
Ayez un peu d'empathie
Au lieu de rire du malheur d'autrui

Mon cœur baigne dans la laideur
De ce monde fait de rumeurs
À quoi bon vouloir survivre
Quand on en connaît le prix

Lumière

Une lumière, le soir
Dans le ciel, se refléta
Sous tension elle consomme
Pourtant il y a mort d'homme

Une lueur dans son coeur
Une lumière dans ses yeux
Cette esprit sans rancoeur
Éclaire comme le feu

Une lumière dans nos vies
Son coeur s'assombrit
Des parasites pires que des lentes
Son cerveau la rend lente

Elle sait beaucoup de choses
Son humeur est morose
Elle pleure pendant des heures
Sa lumière devient noirceur

Le nomade

Je voyage sans jamais bouger
Je ne vais sur google image mais dans mes pensées
Je suis nomade dans mon esprit
Mais sédentaire dans la vraie vie

Quand je dors je vois le monde
Celui des morts celui des tombes
Je voyage dans mes souvenirs
Cela me donne quelquefois le sourire

Je voyage sans jamais bouger
C'est peut-être une destinée
Une pommade sur mes cicatrices
Un sanctuaire pour essayer de vivre

Quand je dors, j'entends les morts
Serait-ce un rêve, aurais-je eu tort
Quand on voyage on fait les plus belles rencontres
Dans mes rêves elles sont immondes

L'eau

Je suis noyé dans la pénombre
À l'eau on me confond
Je suis invisible mais bien réel
L'eau cette boisson

L'eau froide coulant sur ma peau
L'eau chaude brûle tous mes os
L'eau tiède pour calmer les mots
L'eau des orages, l'eau des mirages

Je suis noyé dans ce monde
Où chaque goutte est un mensonge
Je ne peux crier à l'aide
Seul des bulles sortent de ma tête

Dans ce monde aquatique
Tout paraît lunatique
Au bord de cette rivière
L'eau part et me blesse

Et voici un tsunamie
L'eau elle me détruit
Et moi semblable au bâtiment
Sous aucune résistance

Une seul vague suffira pour me briser en mille éclats
Quand la pluie tombera
L'eau confondu à mes larmes
Cela paraît mélancolique

Mais j'aime la pluie
Mon avenir est en fuite
Tel l'eau dans la tuyauterie
Maintenant on se quitte

Quelle fin tragique
J'en ai marre des raisonnements
L'eau coule abondamment
Sur mes joues crevassées
Les larmes sont un souvenir du passé

Qui suis-je ?

En ce monde trop calme
La peur nous accable
La peur de soi-même
Ou de son espèce

qui suis-je
Qui est-ce
Qui sommes nous
Que me veulent t'ils

Une ombre, une poussière
Comme une onde j'erre
Mes larmes, mes prières
S'entendent dans l'univers

Je ne suis personne
Le regard des autres m'emprisonne
Nos voix ne résonnent

Seulement un écho dans l'air
Sans empathie certains ne vivent
Sans lumière sont ceux qui brillent
Sans folie sont les moins tristes
Sans joie sont les plus pensifs

Je suis une vie parmi les autres
Je vois ces autres personnes
La vie de tous ces gens paraît si belle
Mais le monde est si cruel

La justice

À quoi sert le tribunal
c'est pour nous poursuivre en justice
La vie paraît banal
mais elle-même est remplie d'injustice

Les jugements ne sont basés
Que sur des différences et des ressemblances
Si je suis différent des autres est-ce un crime
Si je suis semblable aux autres est-ce héroïque

On juge les personnes pour ce qu'elles ont fait
On publie un détail sur leur passé
À quoi bon être en prison
Quand on est emprisonné par les injustices

Nous juger et se faire de fausses idées
Nous juger comme de vulgaires objets
La justice n'est que factice
On le sait et on ne fait pas de caprice

Mon coeur

Des années en pleurs
Il réclame le bonheur
Effleuré par la peur
Doucement il meurt

Mon coeur dérobé
Mon coeur déchiré
Mon coeur émietté
Mon coeur a trop brûlé

Il tombe de trop haut
Ainsi il me provoque des maux
Il ne sait se battre que pour les autres
Et ainsi je me vautre

Volonté

Emprisonné dans cette cage dorée
Je me demande si je dois m'en échapper
Enfermé par ce à quoi on accorde de la valeur
Séquestré que je n'en connais plus l'heure

Une zone de confort
Une once de remord
Tout pour s'affaiblir
Dans cette cage je me dois d'agir

Ne te laisse pas ronger par les regrets
Ta volonté dois te porter
Enchaîné de mauvaises pensées
Je dois les brisées

Le futur

Mon innocence s'efface
L'imagination se casse
La maturité fait surface
Mais dans l'ennuie je trépasse

J'ai peur du futur
De n'être que créature
Mes rêves d'enfant s'envolent
Emportant avec eux mon auréole

Ma folie, mes envies
Laisse place au grand vide
Du vide naît en moi un univers
Et les horreurs jailliront sur terre

Me voila ancré en vous
Et de votre sang mon encre coule
De vous j'ecrirais
De vous je rêverais
Pour un futur émerveillé

Derrière moi

Un sourire, un nouveau départ
Ma vie n'est plus ce tracas
C'est un autre moi
Je ne sais plus l'émoi

C'est derrière moi les angoisses
C'est derrière moi les moqueries
C'est derrière moi les feuilles que je froisse

Sans vie j'étais
Avec méchanceté je régnais
Mon innocence je clamais
Mon passé endiablé

Derrière moi on ne me voit
Derrière moi on se bat
Derrière moi les ébats
Derrière moi les abris tombaient

Les souvenirs sont émotions
Sans cœur les abandons
Mon âme brisée
Je l'ai recollée

Derrière moi les illusions
Derrière moi les mensonges
Dernière fois que je songe à toi
Dans mon dos, tous tes couteaux

Derrière moi le bonheur
J'ai peur qu'il ne dure et devienne malheur
Le passé est d'un ennui que mon futur et une envie

La ronde des moutons

Je les compte pour dormir
Je les chasse pour survivre
Et tout cela m'endort
Je refuse de suivre même contre votre or

La ronde des moutons pour tourner en rond
La ronde des moutons pour être dans le troupeau
La ronde des moutons pour manger du liseron
La ronde des moutons, les loups auront leurs peaux

Dans leur laine ils nous endorment
Dans leur haine ils nous emportent
Et ainsi aveuglé de la sorte
Ils en perdent l'aorte

La ronde des moutons pour croire vivre
La ronde des moutons pour en être ivre
La ronde des moutons pour avoir des ennemis
La ronde des moutons pour perdre cette nuit

Cendres de plumes

Pour toi j'ai écrit
Pour toi j'ai aimé
Pour toi j'ai ris
Pour toi j'ai pleuré

Et les plumes brûlées
Et mon coeur s'enrhume
De ma légèreté
Je suis lourdement tombé

Tel un ange déchu
Tel un être déçu
Tes infortunes ne m'importent
Revient que je claque la porte

À force de brûlé
Mes plumes vont me réincarner
Ainsi, mieux je vivrais
Sans toi que j'ai aimé

Les plumes décortiquées
Les plumes pour m'envoler
Les plumes qui ont brûlé
Pour pouvoir mieux aimer

Mes pensées s'envolent
Laissant mon coeur qui virevolte
Mes problèmes décolent
Les plumes qui effleuraient mon épaule

Cendres de plumes en moi la démence
Cendres de plumes en moi l'errance
Cendres de plumes je veux la clémence
Cendres de plumes pour ma renaissance

Citations

Éclat de lune
Cendres de plumes
Renaissance et démence
Mes ailes brûlent que j'y descend
En enfer c'est épatant

Coeur obscure
Âme lugubre
Pensées macabres
En moi les démons s'acharnent

Le scintillement de ma bonne étoile
n'est perceptible
Cela se traduit par un brouillard
épais rempli de mes doutes les plus
secrets

Nos chemins se sont croisés
pour nous séparer à tout jamais

Mon apparence n'est qu'un mirage
Que j'entretiens de sourires des moins sages

J'ai donné mon coeur
J'ai donné mon âme
J'y ai passé tant d'heures
Tout ça pour en être larme

L'espoir fait vivre ...
C'est ce que pense les rêveurs
Ai-je le droit de rêver ou d'espérer
Suis-je rêveur ou trop réaliste
Peut importe ce que je crois être

Ancolie ma fleur destinée
À la mélancolie on m'a arrosé
Fleurs du mal qui me fait sourire
Avoir mal fait-il sourire

La paranoïa n'est qu'extension de ma folle imagination

Un, deux, trois les coups dans mon cœur
Quatre, cinq, six le fracas l'a perforé
Sept, huit, neuf de mon cœur percé jaillit les horreurs
Dix, onze, douze court toujours

Si je suis ennuyé, je t'inviterais à compter l'herbe du prés

À quoi bon se noyer dans les larmes
Alors qu'on peut faire couler les autres

Machiavélique, le suis-je ? Tout dépend de l'ennui

Je n'ai pas peur de celui qui a tout mais de celui qui n'a rien à perdre

Ps : je suis pauvre alors attention hein

Nous vivons nos vies à travers des écrans
La mienne raisonnera je l'espère entre chaque pages

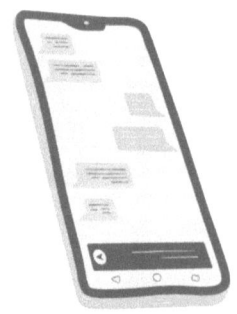

Il faut renaître de ses cendres
Et si je faisais de mes ennemis un feu de joie

Je chanterais si fort que mon écho fera trembler ton cœur

Dois-je être gentil ou méchant
Pour me sentir marrant

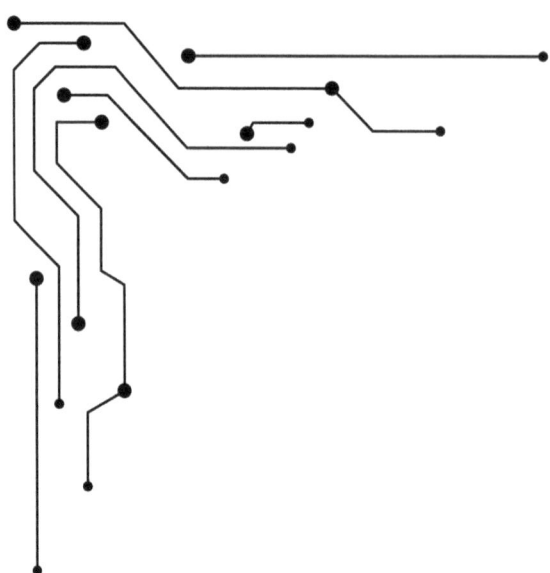

Tous les jours faire la même chose
À croire que je deviens une chose

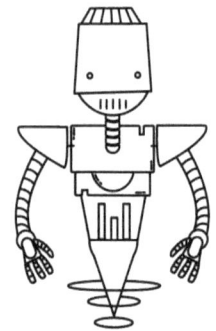
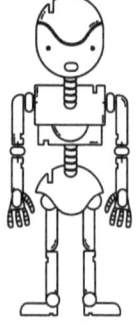

La plume avec laquelle coule mon encre
La plume qui représente la liberté
Ma plume moi je l'ai brûlé
Et l'encre s'est évaporée

Je ne prête aucune attention à l'humain
Je préfère prendre soin de l'animal

Dans l'océan je divague
Surtout quand je nage dans
le doute

Les flammes dansent et vacillent
Je les imite au milieu de
l'incendie

Mon coeur brûle d'amour
Le problème est qu'il brûle mes organes

À force d'être la marionnette
J'ai appris a lancé les aiguilles

Le parapluie me protège
de vos regards mouillés

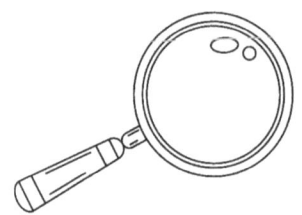

Ce n'est pas une simple carte qui va décliner mon identité

*Si être machiavélique est un art
alors je suis peut-être un artiste*

Les larmes d'aquarelles coulent
sur la toile de la vie
Et le pinceau de ses lourds
grumeaux alourdit cette toile
mais lui donne des reliefs

Je vagabonde et piétine sur
mes pensées d'épines

Vivant dans une cage dorée il serait temps de s'envoler

Suis-je pyromane pour que mon coeur brûle de la sorte

Je m'excuse Jean-Paul mais je ne fais pas partie de la Sarthe

Bonjour Nicolas, alors toujours aussi machiavel ?

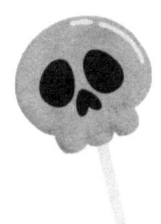

Manger c'est avaler ses problèmes

Je suis la pureté de la plume
qui t'envoie des vents

Je n'ai rien à régler mais j'encaisse

Je me noie dans l'abîme
Dans ma rêverie je m'abime
L'ablation de l'imagination
Conduit à l'abnégation

*D'un accoutrement marrant
Vous n'en verrez les sentiments*

Souffle le vent a perdre la haine
Le vent ravive ma braise

Hier tu pointais ton arme
Aujourd'hui coulent mes larmes
Demain tu te noieras dans mes larmes

Dans cette histoire qu'est la vie
J'essaye d'être gentil
Mais pour survivre
J'ai l'impression qu'il faut être méchant

Macabre et sordide
J'en suis candide

Les douces notes de musique
Semblables à des âmes
Et ce méli-mélo
Forme tout un autre monde

$E = m.c^2$

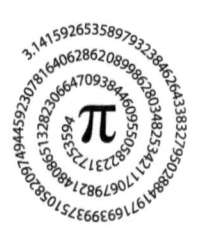

La vie cette équation
Que je n'arrive à résoudre

$a^2 + b^2 = c^2$

j'ai appris à aimer et à haïr
Le danger?
J'aime haïr

*Et l'encre coule et noircit les pages
Pour blanchir une âme*

Ce que chaque individu a vécu
nul ne le saura
Car de chacun de nous, on ne
voit qu'un éclat

Mes mensonges ne sont
que vérité déguisée

La gravure de ton nom sur mon coeur est bien trop profonde

J'ai créé une vague de larmes sur laquelle j'ai appris à surfer

Comment savoir si j'ai un problème avec la société alors que la société est elle même un problème

Elles sont jolies les fleurs que tu tiens
Elles sont jolies car elles sont dans tes mains

La tristesse se confesse avec détresse

Je suis la faucheuse de ma propre vie
Autant dire que j'ai peur de moi même

Mes larmes autrefois ont coulé
Aujourd'hui ma garde je ne la baisserais
Demains les armes levées
Mais les aiguilles en moi sont plantées

Cendre d'espoir
Lumière d'un soir
Tissée sur mon coeur
L'étendue d'une peur

Tomber amoureux d'un souvenir
C'est se remplir le coeur d'ennui

L'amour est une rose dont mon coeur fut broyé par les épines

De l'obscurité je suis né
De lumière je brillerai

Je suis la rose qui de
ses épines blesse

J'ai l'audace
J'ai le culot
Laissez-moi tranquille
Je sais ce que je vaux

La vie en sa globalité est
une tragédie
À toi de faire de la tienne
la plus belle des comédies

J'avance en faisant fracas
Quand la mort guide mes pas

*Je préfère m'endormir
Pour m'enfuir d'un
monde qui fait
souffrir*

Le stress entraîne ma détresse quand je ne crois en tes promesses

L'amour …
Mon addiction
Et je souffre de ce poison
Par peur de l'abandon

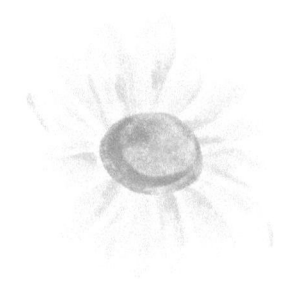

Je te déteste
Un peu, beaucoup,
passionnément, à la folie
Je te déteste et ça me
détruit

Mon coeur enchaîné au tien
Pour rien au monde je ne veux un
amour qui s'éteint

Pourquoi être moi-même alors que je peux être quelqu'un d'autre
Pourquoi être quelqu'un d'autre alors que je peux être moi-même

Passé

Présent

J'étais
Je suis
Je serais
Cela me rassure d'être

futur...

Je crois au mensonge de mon coeur
Cela me fait peur
Je ne crois pas en ta rancoeur
Ce qu'ils racontent ne sont que douleurs

Les ficelles sont coupées
Notre amour est délié

Je ne peux que me taire quand mon âme est enfouie sous terre

Je te perds
Tu es mon temps
Je perds mon temps

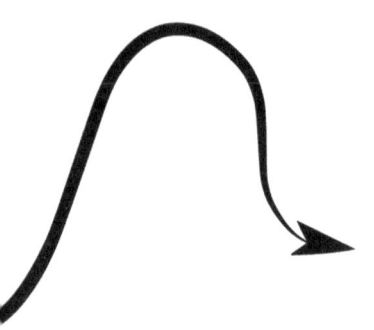

C'est bien en bas
Que je me bats

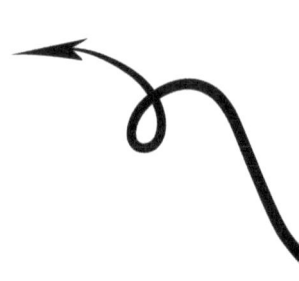

Je manque d'air
J'étouffe dans les remords
On faisait la paire
Il me reste la mort

La vie est mots rose
La vie est morose

La vie est une équation que seul toi peut comprendre et résoudre

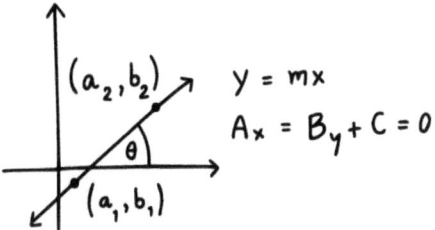

$y = mx$
$A_x = B_y + C = 0$

Ma vie est une toile sur laquelle je peins

Le bonheur des uns fait le malheur des autres

Le malheur des autres fait le bonheur des uns

Je fais mon apparition théâtrale
Dans ma tenue des plus spectrale
Dans mes pensées un tourbillon abyssal
Dans mon coeur une période trop estivale

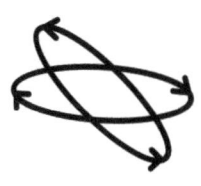

Les gens partent et reviennent tout comme mes chagrins et mes peines

Mon cerveau dit à mon coeur
de fuir
Pour éviter à mon âme de
périr
Alors je m'attends au pire
Quand je ne sais prédire

Amour ?

Amour ...

Amour ?

Amour ...

Amour !

Amour !
Amour ?
Amour ...

Amour ?

Amour !

Amour ...

Amour ?

Amour ...

Amour !

Mon coeur brûle d'amour
J'en deviens la cendre
Je cours à rebours
Et tu ne sais m'attendre

Je ne veux pas te revoir
Reste loin derrière moi
Pourquoi rabâcher le passé
Laissez moi l'oublier

Je fais réticence de l'errance de mes sentiments
Brûlé et dispersé comme la cendre

Quand je le regarde
C'est moi qu'il brise

D'un éclair dans nos regards
L'électricité parcourt mon âme
En un flash mes yeux te voient
Sous le coup de foudre mon coeur se broie

Ne me comparez pas
À ce que je ne suis pas

L'amour est une hantise
Mon coeur est donc en crise
Mes sentiments se contredisent
Cela retourne ma matière grise

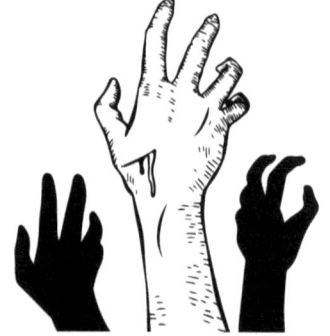

Mon coeur tombe amoureux
d'illusions

Nos vies sont si laides
Quand on ne sait appeler à l'aide

Si être cruel te donne des ailes
Ta méchanceté sera immortelle
Si être cruel te donne des ailes
Ton mal être te sera mortel

Dans le ciel étoilé
Je cherche une lueur
Mon âme esseulée
En quête de bon coeur

Le vent souffle doucement
Emportant avec lui mes tourments

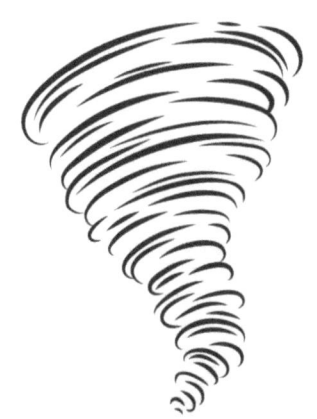

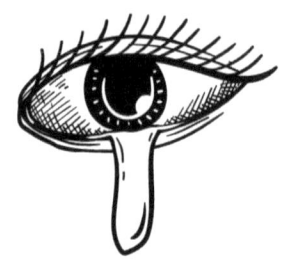

Je pleure pour vivre
Je vie pour pleurer

Je suis le bourgeon qui ne peut s'ouvrir
À cause des aléas qui font souffrir
Jamais je pourrais fleurir
Je reste fermé en attendant le pire

Ton rayon embellit mes larmes
Te regarder me désarme

Feuille sur laquelle j'écris
Feuille que je noircis
Sache que sans toi je péris
Tu recouvres mes nuits

Je vagabonde
Dans un autre monde
En moi l'hécatombe
Et les larmes tombent en trombe

Tu tournes les pages une à une
Apprenant à connaître mes
infortunes

Tu as l'antidote
Alors tu t'empoisonnes

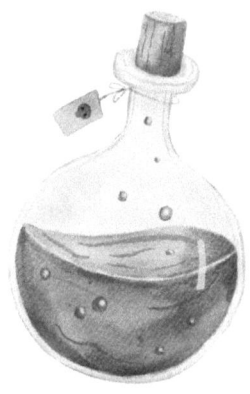

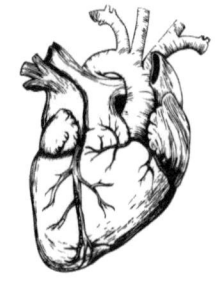

J'aime, je n'aime pas
Je ne sais pas alors je blâme

*L'amour tue l'ennui
Mais de moi la haine
s'enjaille*

Mes rêves tombent tel des
feuilles mortes d'automne
Comme mes rêves s'écroulent
de la sorte

Je suis aussi collant que
l'argile quand elle pleure
Mais hélas l'amour est
une horreur

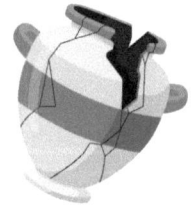

Les remords sont semblables à
des valises
Traînés par nos yeux, tirés par
nos cheveux
Mais on avance malgré la
fatigue

Je pense, j'agis, mais pour autant je m'ennuie

*Semblable à l'huître
Je fais de mes ennemis quelle que chose de jolie*

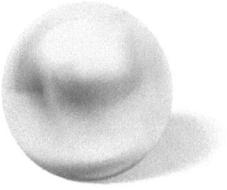

Je joue du silence qui a longtemps joué de moi

Et je tourne dans ce carouselle
Et il m'ensorcelle

Les produits les moins chères sont plus accessibles
Il en est de même pour la valeur de l'Homme

Je n'ai pas le temps pour les « légers contretemps »

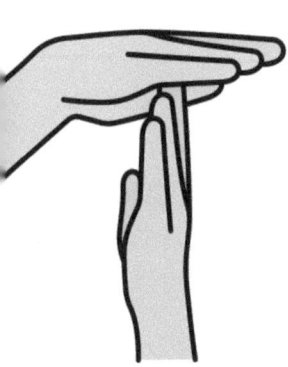

Cela fait du bien d'avoir mal
Au moins on a quelque chose

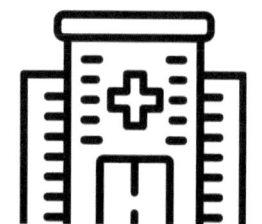

La toile de noirceur
Flâne autour de mon cœur

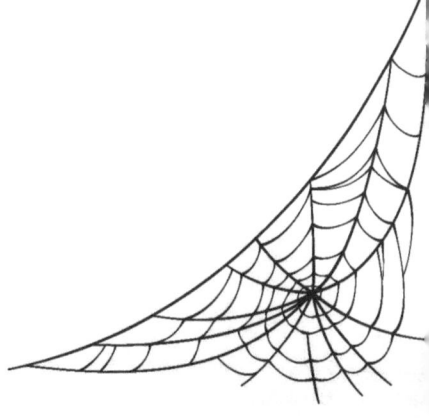

Apocalyptique imaginaire
fantastique
Dont le contrôle n'est plus que mystique

Je me débat face à mon ombre

Perplexe d'être complexe

Mon âme dans ce torrent de vague à l'âme

La romance n'est que insouciance

Plus vite j'irai
Plus vite je te fuirai

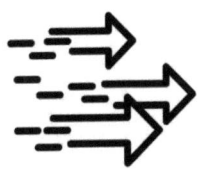

Ce torrent de pluie similaire aux larmes
Ce torrent de haine en moi tu plantas l'arme

*Il faut construire, construire,
construire
Pour tout détruire*

*Tout n'est que densité
De même pour les idées*

Tout est fait pour être consommées
Mais à quel prix ...

Les mots ne sont pas les mêmes
Pour dire je t'aime

*Et l'herbe de cette grasse
Je m'inspire sans crasses*

*Mes cendres dispersées
En vous je renaîtrai*

*Je vais tout brûlé
Puis m'en aller*

Avant de m'atteindre
Demande toi si ça en
vaut la peine

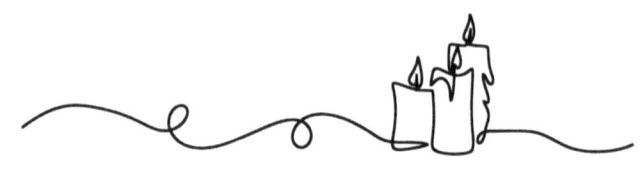

Vos lumières font de moi une ombre

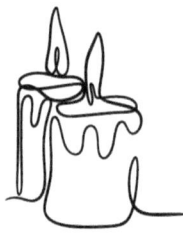

Avide de savoir
Je me nourrirai de
désarroi

Avec mes livres j'érige un mur

Qu'importe le trouble
Mais haine double et redouble

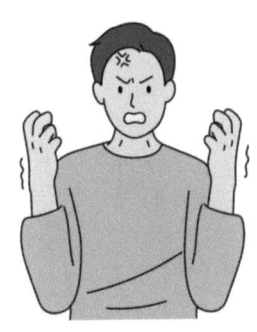

Les aurevoirs, les bonjours
On m'en demande toujours

Cette société m'effraie
alors je reste en retrait

Mon mental hivernal
Je le contrôle, c'est magistral
Et je ris de rien mes vents glaciales
Et ainsi mon refrain musical

Il faut rire du malheur
Je ris de moi, je ris de vous
Et mon rire remplace mes pleurs

Ha Ha Ha
Ha Ha
Ha Ha

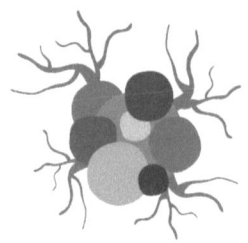

Aussi douée que Frances farmer
Ma vie est une tumeur
Et j'attends nos heures qui vous font tant peur
En attendant je suis horreur

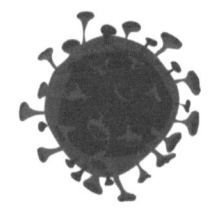
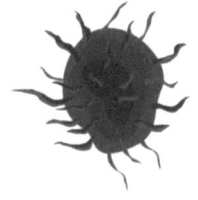

Où est ma bonne humeur ?
Dans chaque personne que j'aime ou que j'ai aimé

Tu n'as pas su tenir promesse
Et tu pleures car tu n'as pas ma sagesse
Alors je te confesse
De partir de ma vie en vitesse

Reprochez moi d'être cruel j'acquiescerai mais fuyez pauvres mortels

*Ne ris pas à gorge déployée
Je pourrais te la nouée*

Je sème ce qu'en vous je récolte
Je récolte cette ouragan de haine

Prochainement

Le syndrome de Machiavel

Tout commence dans les forêts de France dans un village où tout paraît paisible et pourtant ...
A la suite d'accidents tragiques, vous comprendrez la vie d'une personne aux allures des plus banales.
Voici l'histoire de ce village condamné où l'on compte les âmes damnées.
Voici l'histoire de Mélusine, cette fille mal aimée.

Le journal des cauchemars

Tous les cauchemars dans lesquels je me suis retrouvé vous seront racontés car dans un cahier un à un je les ai notés

Mes rêves

Mes rêves

Je rêve de trouver l'amour, mais place aux cinq ans d'étude, je l'espère. J'aimerais devenir enseignant titulaire en biologie/svt. Je suis passionné par cette matière depuis mon enfance en regardant la série télévisée « Il était une fois la vie », puis j'ai regardé «C'est pas sorcier» et d'autres reportages et documentaires. Puis il y a eu cette professeure au collège qui m'a tellement apporté, je me demande aujourd'hui si cette dernière va bien et si ses cours sont toujours aussi passionnants. J'aimerais, à travers ce métier, défendre une cause qui m'est propre (le harcèlement, la discrimination...) et qui m'a beaucoup affecté durant ma scolarité. J'ai donc envie d'être enseignant par passion.

J'aimerais aussi devenir connu de tous et réussir à publier mes futurs romans bien que cette activité soit gourmande en temps

Je rêve d'être moi-même sans que cela pose problème

Je rêve que ma voix résonne dans vos cœurs en peine

En soi, il y a tellement de rêves que j'aimerais réaliser

J'espère que vous comme moi réaliserons un jour nos rêves

Remerciement

Remerciement

Je remercie de tout cœur tous ces gens qui m'ont aidé dans ma vie.
L'aide a été familiale et amicale.
Je remercie tous ceux qui m'ont haï du plus profond de leur âme car de leur haine est née en moi des fêlures que je compte bien exploiter.
Je remercie mes correctrices qui ont dû transformer leurs yeux en fontaine de sang tellement les fautes sont pour moi difficiles à corriger.
Mes correctrices sont très proches de moi, j'ai comme correctrice Astrid et Julie qui me sont chères et n'oublions pas Assya que je connais depuis peu mais qui a mis sa main à la patte.
Et par-dessus tout, je vous remercie, vous.
Vous qui avez su me lire et peut-être même vous qui avez su me comprendre et m'apprécier pour qui je suis, pour ce que je suis.

Mercie

Contact

 Email : shadowpladys@gmail.com

 Instagram : shadow_pladys

Signature :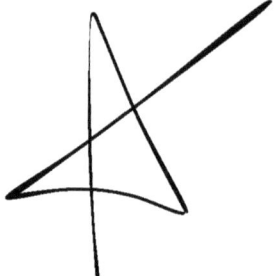